QUESTIONS

ADRESSÉES

A M.ʳ le Colonel FABVIER.

QUESTIONS

ADRESSÉES

A M.ʳ le Colonel FABVIER,

Ayant fait les fonctions de chef de l'Etat–Major
dans les 7.ᵉ et 19.ᵉ divisions militaires ;

Sur son écrit intitulé : *Lyon en 1817.*

A LYON,

Chez les Marchands de Nouveautés.

1818.

QUESTIONS

Adressées à M. le Colonel Fabvier.

Lorsque l'écrit de M. le Colonel Fabvier nous a été annoncé, nous nous sommes d'autant plus empressés de le lire, que nous le regardions comme semi-officiel, d'après son titre, et que nous pensions y trouver des faits, et l'indication sur-tout des causes réelles qui avaient provoqué la mission de M. le Maréchal Marmont duc de Raguse, dans les 7.º et 19.º divisions militaires : mission d'un haut intérêt sans doute, et dont nous nous étions abstenus jusques à ce jour, par respect pour l'autorité Royale et pour la dignité du délégué du Souverain, de rechercher les motifs, d'examiner comment elle a été remplie, et de reconnaître ses résultats ; mais puisque M. le Colonel, qui, pendant cette mission, a été l'homme de confiance de M. le Maréchal, vient dans un écrit public en parler à la France ; puisqu'il pense que lors qu'un de nos mandataires légalement chargés de nos intérêts, en a fait l'objet d'une réflexion dans le sein de la Chambre des Députés, il lui est permis, à lui que nous ne devons regarder que comme un instrument, de répondre à un député lorsque les autres sont là : nous ne croyons pas aller au-delà de nos devoirs, comme simple particulier, en intervenant dans la discussion qu'il veut élever si intempestivement et si publiquement.

Nous nous étions proposé d'abord de répondre à son écrit ; mais, comme nous ne pouvons puiser, ainsi que lui, dans ces matériaux précieux qu'il a aidé à fournir au gouvernement ; que le ministère n'a point jugé dans sa sagesse qu'il fût encore temps de leur donner la publicité convenable ; que les autorités sur lesquelles il déverse si généreusement le blâme, répondront sans doute à ses assertions ; que nous ne voulons pas, à son exemple, nous faire les ridicules champions de personne, et qu'enfin c'est pour notre propre-compte que nous désirons nous éclairer, sans prétendre, comme lui, diriger l'opinion de la France sur des faits notoires et constatés par des actes récens de l'autorité Royale : nous allons, disons-nous, non pas répondre à l'écrit de M. le Colonel, mais bien lui adresser des questions sur la plupart des faits qu'il avance, sur les conséquences qu'il en tire et les omissions qu'il a faites. Puisqu'il nous avoue lui-même, *qu'il est loin d'avoir tout dit*, il ne s'étonnera pas sans doute que nous cher-

chions à tout savoir, et sur-tout à connaître
les motifs qui l'ont porté à taire d'importantes
circonstances. *Il ne s'était pas proposé davantage ;* il serait curieux peut-être d'approfondir
cette phrase, et il est possible que nos questions soulèvent entièrement à cet égard le voile
mystérieux et *léger* qui nous cache le véritable
but de cette singulière réticence.

Dans son ensemble, comme dans ses détails,
l'écrit de M. le Colonel tend à nous prouver,
non pas qu'il n'y a point eu de conspiration, mais qu'elle n'a été que le résultat d'une
administration arbitraire ; que Préfet, Sous-
Préfet, Maires, Juges, Chefs militaires, (1) que
tous ceux enfin qui étaient revêtus, à Lyon et dans
le département, d'une partie de l'autorité, qui
dans le cours de notre longue révolution n'ont
pris part que comme victimes aux horreurs de
1793, et pendant les cent jours étaient restés
fidèles à leur souverain légitime ; mus par une
ambition démesurée, dirigés par une haine
implacable contre des hommes sages, soumis
et tranquilles, ont conçu, dans une barbare
union de principes machiavéliques, le projet
atroce de s'en défaire en les poussant à force
de piéges, de nouvelles absurdes, de menaces,

----

(1) A l'exception du Lieutenant de police alors en fonction.

d'espérances et sur-tout de vexations, dans un complot contre l'ordre légitime de succession au trône. Ces autorités, dont le crime ferait frémir s'il était avéré, accusaient et accusent encore par l'organe de M. Crignon d'Auzouer, député, *les débris de l'ancienne armée, des excès qui ont troublé la ville de Lyon et le département du Rhône.*

Cette armée qui a couvert la France de gloire, n'a pas besoin de M. le Colonel pour se défendre. Elle laissera parler ses anciens services, sa soumission au Roi, les fidèles soldats qu'elle a fournis à la garde royale et aux autres corps de l'armée actuelle ; mais elle sait que dans son sein il existait de ces hommes indignes de lui appartenir, qui, sans honneur comme sans bravoure, sans loyauté comme sans foi, étaient venus grossir ses rangs lors de ses dernières campagnes ; elle sait que ce n'est point à elle que s'adressent ces imputations, mais bien à ces hommes qu'elle ne reconnaît plus, ou plutôt qu'elle n'a jamais reconnus.

Elles accusent M. le Maréchal d'avoir abusé de ses pouvoirs pour suspendre des Maires. Pourquoi M. le Colonel transforme-t-il une observation en une accusation caractérisée ? Ici, c'est à la Chambre des Députés à répondre, elle qui a admis leur pétition, et l'a renvoyée au ministre de l'intérieur, ou pour y faire droit, sans doute, ou pour avoir des explications.

Ces prétendues accusations nous ont semblé de bien faibles motifs pour engager M. le Colonel à prendre la plume, et puisque M. le Maréchal se tait, puisque le gouvernement n'a point encore jugé à propos de nous instruire officiellement de ce qui s'est passé, pourquoi M. le Colonel se met-il en leur lieu et place ? Pourquoi et à quel titre veut-il plus que M. Crignon d'Auzouer, *député*, *qui parle à la chambre*, empêcher l'opinion de s'égarer ? Est-il comme lui notre mandataire ? lui avons-nous confié cette mission, ou veut-il nous faire croire qu'il l'a reçue de plus haut ? ces Magistrats qu'il accuse, pourquoi sont-ils encore revêtus d'un pouvoir ? Pourquoi administrent-ils et jugent-ils encore ? M. le Colonel en sait plus que nous sans doute, et cependant il ose appeler *horrible tragédie*, les arrêts d'une cour souveraine sanctionnés par des actes subséquens de l'autorité royale (1).

____

(1) Par une ordonnance du Roi, la peine de la déportation, prononcée contre vingt-trois individus condamnés par la cour prévôtale, a été commuée en cinq ans de détention ; celle des travaux forcés, auxquels quatre prévenus avaient été condamnés, en trois ans d'emprisonnement ,

M. le Colonel nous annonce enfin, *qu'il cède à l'espérance que le tableau de ce qui s'est fait, en démasquant les artisans de nos malheurs, pourra les faire renoncer désormais à leurs coupables projets, ou empêcher du moins qu'ils ne trouvent encore des dupes et des victimes.*

Nous ne pouvons qu'applaudir à ce zèle, quelqu'inconsidéré qu'il nous paraisse ; mais dans une affaire de ce genre, le gouvernement seul a le droit de montrer la vérité, d'indiquer ou de prescrire les mesures à prendre pour prévenir de nouveaux malheurs, s'il en est encore que nous ayons à redouter ; M. le Colonel prétend-il concentrer en lui le pouvoir suprême et l'action du gouvernement, ou s'en faire l'unique organe ?

Nous ne pouvons donc voir dans la publication de cet écrit que l'intention coupable de renouveler la douleur de la blessure que les événemens du 8 Juin ont faite au corps social, et que les soins des autorités alors

---

celle de cinq ans de prison qui avait frappé huit individus, en une année de durée de la même peine, à compter de la date de leur arrêt ; et enfin les condamnés à moins de cinq ans de détention, ont été libérés et mis en liberté, mais néanmoins sous la surveillance de la police pendant un temps déterminé.

en fonctions , et de celles qui leur ont succédé - commençaient à cicatriser ; l'intention, disons - nous, de jeter un nouveau brandon de discorde dans une contrée où déjà il n'en existe que trop d'élémens. De tous les individus signalés à cette malheureuse époque , traduits devant la cour Prévôtale , jugés, absous, condamnés, qui auront même obtenu leur grâce de la clémence du Roi ; quel est celui qui, à la lecture d'un pareil écrit répandu avec une perfide profusion , ne se regardera pas comme une victime de ces hommes que lui a signalés M. le Colonel ? Ne se croira-t-il pas suffisamment autorisé à se venger de ce qu'on lui présente, comme des vexations, de coupables projets ? N'est-ce pas rallumer le flambeau de la guerre civile si heureusement éteint par la fermeté, la justice et la modération des autorités ? Que M. le Colonel nous réponde , et nous dise s'il viendra défendre ces autorités municipales, ces magistrats qu'il a livrés à l'aveugle vengeance de ceux qu'il appelle leurs victimes ou leurs dupes?

Nous demanderons à M. le Colonel, si ses déclamations sont de nature à calmer l'effervescence des passions , à rétablir la paix et l'union, premier vœu du cœur de notre Monarque ; s'il ne s'est pas mis dans le cas d'être jugé lui-même avec toute la sévérité dont il s'est armé envers les autres ; si, en présentant à sa manière une esquisse tronquée, infidelle de ces malheureux événemens, il n'en provoque pas un tableau exact, au risque d'en perpétuer le souvenir ? Nulle part nous ne voyons dans cet écrit les sentimens d'un bon Français qui gémit sur les maux qu'a entraînés une longue révolution dont le dernier période politique a été marqué par des circonstances, si heureuses en 1814, puisqu'elles nous ont rendu notre Roi, et si affligeantes en 1815, par les fermens de division et les charges de guerre qu'elles nous ont laissés ? A chaque page, au contraire, nous y remarquons une présomption coupable, nous y apercevons de la mauvaise foi, et sans la prudence du premier magistrat civil et des autres autorités du département, nous pourrions redouter les fatales conséquences de l'effet qu'il peut et doit produire sur l'esprit d'hommes coupables, quelle que soit d'ailleurs la main qui les ait poussés à la révolte.

M. le Colonel assure que la tranquillité n'a point été troublée à Lyon ; que dans les campagnes le tocsin s'est fait entendre *seulement dans onze communes*, dont quatre étaient trop distantes pour se réunir ou se

secourir mutuellement. Pourquoi pense - t - il
que les conspirateurs devaient être, en 1817,
moins timides , moins irrésolus , moins défians
qu'à d'autres époques ? pourquoi ne parle-t-il
pas de l'assassinat du Capitaine Ledoux, tombé
à Lyon , dans la soirée du 8 Juin, sous les
coups d'un conspirateur plus entreprenant
ou moins instruit des mesures de répression
prises par les autorités, que ceux de ses
complices chargés comme lui de l'assassinat
des officiers ? Pourquoi ne veut-il pas reconnaître, dans ce commencement d'exécution,
l'existence du complot, et dans sa suspension,
l'effet des mesures de ces autorités ? Pourquoi
pense-t-il que cette conspiration dût être si
bien connue, que des troupes eussent dû être
dirigées au dehors sur les lieux menacés, au
risque de livrer la ville sans défense aux
conspirateurs ? Pourquoi ne voit-il qu'un défaut
de prévoyance dans une disposition qui ne
tend qu'à la prouver ? Savait - on quelles
communes seraient principalement le théâtre
des désordres ?

En ce qui concerne les campagnes, M. le
Colonel nous dira vraisemblablement que la
distance qui séparait diverses communes et les
empêchait de se réunir ou de se secourir,
démontre l'impossibilité d'un complot général ?

Comment se fait-il donc que le tocsin ait sonné dans toutes simultanément, le même jour, à la même heure ? Que dans des communes plus éloignées encore, on attendît pour agir, que le tocsin eût sonné dans une autre précédemment désignée ? Pourquoi enfin, ne veut-il pas voir dans cette interruption de la ligne d'opération des conspirateurs, le résultat de la fermeté des autorités locales de communes intermédiaires, qui ont empêché la réunion des factieux, déconcerté, coupé, arrêté l'exécution générale de leurs plans ?

Les rapports des premières autorités du département, nous dit-il, annonçaient *que quelques paysans avaient été seuls surpris dans leur village, s'agitant sans chef et sans but déterminé.* Pourquoi fait-il ainsi parler ces autorités, contre toute évidence ? Les bandes de Millery, de Saint-Genis-Laval, de Saint-Andéol, de Charnay, de Chasay, de Bully, d'Irigny, de Brignais, n'avaient donc pas de chefs ? Ces bandes n'ont donc pas, sous leur conduite, parcouru d'autres communes, armées de toutes manières, répandant la terreur, commettant des pillages, proclamant Buonaparte, Napoléon II, la république ? Les Oudin, Garlon, Fantet, Jacquit et autres, n'étaient donc pas des chefs ? Il est donc improbable qu'ils en eussent eux - mêmes ? Le Comité directeur qui existait à Lyon, n'est donc qu'un fantôme grossier ; et les Cochet, Taisson, Bernard, d'abord arrêtés, ne se sont donc miraculeusement sauvés des prisons, que pour justifier l'assertion de M. le Colonel ?

D'après lui, les premières autorités du département, n'ont été que les instrumens de ces *hommes toujours prêts à tout sacrifier à leur haine et à leur ambition.* Elles n'ont vu que par leurs yeux, n'ont agi que d'après leur direction ; et M. le Colonel, n'osant pas encore nous les présenter comme principaux moteurs de l'insurrection, croit adoucir les traits de la calomnie, en nous les offrant comme les agens faibles et aveugles de ces hommes vindicatifs et ambitieux. Il nous reporte en 1793, pour nous démontrer qu'alors le crime se commettait avec une franche fureur, et qu'en 1817 il n'était que le résultat d'un calcul machiavélique et de combinaisons les plus révoltantes.

Nous n'entreprendrons, comme nous l'avons dit, la défense de personne. Assez de faits constatés, assez de services rendus, de preuves de dévouement, parlent en faveur de magistrats et de militaires recommandables par leurs vertus, et qui conservent la bienveillance du Roi ; nous n'entreprendrons pas non plus, comme M. le Colonel, de comparer 1817 à 1793 ; nous entreprendrons, encore moins, de retracer les événemens antérieurs à ceux du mois de Juin, d'en faire ressortir la liaison, de prouver qu'à Lyon sur-tout il existait, peut-être plus qu'ailleurs, des élémens de rebellion, soit par sa position topographique, soit par ce qui s'y était passé pendant les cent jours ; que ces élémens avaient été déjà mis plus d'une fois en action, et que sans la sagesse et le bon esprit des autorités, cette ville célèbre par ses malheurs en 1793, eut été le théâtre d'une seconde anarchie de même nature dans le cours de ces dernières années. Non, nous ne marcherons pas sur les traces de M. le Colonel ; nous ne rappellerons pas de si cruels souvenirs, et à la voix du Prince nous répèterons union et oubli.

Nous ne pousserons pas plus loin ce triste examen ; nous ne pourrions le faire sans tomber dans l'excès que nous reprochons à M. le Colonel ; nous nous bornerons à lui adresser quelques réflexions sur les obligations que lui imposait le titre de chef d'état-major de

M. le Maréchal, lors de sa mission, et sur
le respect et l'obéissance qu'il doit à son
Souverain ; s'il les trouve sévères, qu'il s'en
plaigne à lui seul ; nous le plaindrons à notre
tour, d'avoir méconnu le premier comme le
plus saint de ses devoirs.

En qualité de chef de l'état-major de M. le
Maréchal, il a trahi sa confiance en profitant
de quelques matériaux sur lesquels il n'avait
aucuns droits, que nous pouvons présumer
avoir été falsifiés, tronqués suivant ses vues,
pour donner ainsi un caractère semi-officiel à
sa brochure. Nous sommes loin de faire à
M. le Maréchal l'injure de croire que M. le
Colonel a écrit d'après ses ordres, ou son
autorisation. Il ne peut donc qu'y avoir abus
de confiance, puisque dans sa brochure il
prétend nous rendre compte de la mission de
M. le Maréchal, comme en connaissant les
motifs, en ayant vu les pièces, et que le public
est autorisé à considérer cet écrit comme un
extrait des documens officiels fournis au gouvernement sur cette insurrection. Il compromet
la dignité de M. le Maréchal, en paraissant
vouloir le défendre devant toute la France
contre les attaques d'un député, lorsque le
Ministère a pu donner sur-le-champ, ou ren-

voyer à un temps opportun les explications
convenables. En agissant de son propre mouvement, il a anticipé sur les intentions du
gouvernement, et lorsque, comme soldat, il
n'a dû apprendre qu'à obéir à son chef et non
à raisonner, il entre dans la lice sans attendre
aucun ordre pour combattre un champion qui
ne l'attaque pas, et avec des armes dont lui
seul connaît l'usage.

Comme sujet, il manque au respect et à
l'obéissance qu'il doit à son Souverain ; par ses
assertions il va jusqu'à accuser tacitement son
Roi d'une sorte de déni de justice. En effet,
le gouvernement possède depuis plus de trois
mois les documens relatifs à cette insurrection ;
depuis trois mois il a dans ses mains les rapports officiels de M. le Maréchal, et cependant,
par un acte postérieur de la clémence royale,
quelques-uns des condamnés par les arrêts *san-
guinaires* de la cour Prévôtale n'ont reçu qu'un
adoucissement à leurs peines ; d'autres n'ont
obtenu leur élargissement , que pour être
placés sous la surveillance de la haute police.
La *justice* a donc été *juste* ; car que prouve
cette clémence royale, sinon que la cour a jugé
légalement, et que le Monarque, dans sa géné-
reuse pitié et à l'exemple de l'illustre et infor-
tuné

tuné Martyr , a pardonné à ceux qui s'étaient fait ses ennemis. Si ces documens, ces rapports officiels présentaient la vérité sous le jour lugubre que M. le Colonel lui donne , comment depuis trois mois ces autorités, si criminelles à ses yeux, conservent-elles un pouvoir dont elles auraient si indignement abusé ? Le Roi ne sait donc que punir l'égarement , et le vrai coupable trouve grâce devant lui !

Non, le Roi est juste puisqu'il est éclairé, et M. le Colonel en faisant l'apologie des insurgés qu'il appelle *dupes ou victimes* , accuse l'autorité suprême et devient coupable d'abus de confiance envers M. le Maréchal , et de lèze-majesté envers son Roi.

Disons le ; l'immoralité s'est insinuée dans toutes les classes de la société ; l'absence de tous principes religieux , principes que ne remplacent ni la morale ordinaire, ni toutes les théories de la Philosophie , a fait à l'ordre social une plaie longue à guérir. C'est à cette cause principale que nous devons attribuer le mouvement insurrectionnel du 8 Juin , et non à celles que lui attribue M. le Colonel. C'est dans le retour des bonnes mœurs , dans la pratique des vertus domestiques , dans le respect pour les choses saintes , que nous trouverons le terme de nos agitations politiques, la fin de nos longs malheurs, l'oubli du passé, et l'union de tous les Français autour de ce trône héréditaire où siégent tant de vertus, de résignation, et sur lequel reposent nos vœux et nos espérances.

FIN.

De l'imprimerie de J. M. BOURSY.